AF599720

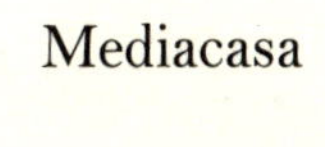

Mediacasa

Libro impreso en papel procedente de fuentes sostenibles

lasturaediciones.com / info@lasturaediciones.com

Colección Alcalima N.º 249
Dirige la colección: Isabel Miguel

Editado en Madrid, España

Primera edición: mayo, 2025

D. L.: M-11756-2025
ISBN: 979-13-990447-0-6

Impreso en Antequera, Málaga
Printed in Spain

Julio Hernández

MEDIACASA

Colección Alcalima de Poesía n.º 249

Ningún punto cardinal conoce tu destino

José Manuel Gallardo

¿Qué hace un insecto entre las páginas de este libro? Porque *Mediacasa* no es solo un libro; es un poemario que nos invita a recorrer los pasillos de un alma-insecto habitada por la dualidad. Es un viaje donde la luz y la sombra se entrelazan, donde la vida y la decadencia se abrazan con fuerza. Al abrir este poemario de Julio Hernández, nos adentramos en un espacio que es a la vez hogar y exilio, refugio y prisión, un espejo donde se reflejan nuestras propias fracturas y anhelos.

Julio Hernández nos plantea así en su tercer poemario las preguntas con que nos invade esa dualidad: ¿qué guardan los paraguas en los salones? ¿Qué aguardan los portales y soportales? ¿Qué esconden los álbumes, los baúles, las esquinas? ¿Y a dónde vamos, en nuestra inmensa soledad, quienes nos pudrimos en Mediacasa? Son interrogantes que nos invitan a explorar los recovecos de nuestra existencia, a desentrañar nuestros recuerdos y a buscar un sentido en medio del caos. Desde el primer verso, sentimos el pulso débil y fuerte de *Mediacasa*, donde un extraño ser vivo que respira entre paredes agrietadas y ventanas que miran al sol con la misma nostalgia con la que miran a la muerte, representa la metáfora perfecta de nuestra propia incompletitud, de los sueños que acariciamos y las heridas que nos desangran.

Nos adentramos de su mano en *Mediacasa*, una residencia-páramo del olvido donde se acumulan los silencios y las soledades y donde el abandono es el fantasma que recorre los versos. Hay en el poemario un grito, una voz que lucha por liberarse del silencio; un medio ser que se niega a quebrarse a pesar de las heridas, un cuerpo que se descompone lentamente pero que aún late con la fuerza de la vida; es la imagen de nuestra lucha por sobrevivir en un mundo que a menudo nos devora.

En este paisaje desolado, emerge la figura del "Proyecto de Gregorio Samsa", un ser en metamorfosis que representa nuestra capacidad de adaptación y resistencia. El insecto de Kafka se convierte aquí en un símbolo de la vida que se abre camino entre las cenizas, de la belleza que puede brotar incluso de la fealdad.

El poemario nos enfrenta también al abismo de la "nada", al fin del viaje donde se hunden las ausencias. Los sepulcros de la nada que son una imagen inquietante de la muerte, pero incluso en esa negrura, algunas almas laten como estrellas, recordándonos que la luz puede brillar incluso en la oscuridad más profunda.

La imaginería visual del poemario es un viaje a través de la desolación y la esperanza. Un punto que se expande hasta revelar la muerte en el rostro de Mediacasa, con sus fachadas enfrentadas y traseras muertas, que nos sumerge en un mundo de espectros y ausencias, es aquí donde el Proyecto de Gregorio Samsa merodea, teledirigido por una fuerza misteriosa.

El autor nos lanza así a través de estos versos una pregunta que resuena en lo más profundo de nuestro ser: ¿qué es del animal errante y solo, del Proyecto de Gregorio Samsa, en este inhóspito lugar? ¿Dónde están sus raíces, su gente, su horizonte? En medio de la incertidumbre, nos invita a buscar el signo del amor, que no es una criatura fantástica ni un paisaje idealizado, sino la fragilidad y la belleza que encontramos en lo humano.

En última instancia, *Mediacasa* es un "acuerdo" con la vida, una aceptación de la belleza y la tragedia que la conforman. Es un viaje a través de los últimos momentos, las últimas palabras, los últimos abrazos, y la esperanza de un nuevo comienzo. Este poemario, en definitiva, es una invitación a explorar nuestra propia "Mediacasa", un viaje interior hecho con valentía pero también con autocompasión.

José Manuel Gallardo, 2025

A aquellos que habitamos la mitad que no aparece en los mapas, el lugar que nadie menciona, pero que, codo a codo, vivimos sosteniendo el edificio.

Este libro es un acto de memoria: recordar que hay vida allí donde otros solo ven muerte.

Proyecto De Gregorio Samsa

I.

Vivimos en Mediacasa.
La mitad de las puertas,
pintadas. La otra mitad
tullidas, y un filo del viento
se cuela entre los cristales
heridos de muerte.

Mediacasa,
y la mitad de las ventanas
se abren al sol,
y de las persianas
se precipitan toboganes de luz
sobre los suelos ajedrezados.

Los portales y salones
se invitan a tomar café
y cotorrean el desastre
de los cuartos traseros
y las jambas desvencijadas
de la otra mitad de las casas.

Mas donde no alcanzan
las ausentes miradas,
en los traspatios de Mediacasa
donde se yace un páramo,
en esa región vetada en las conversaciones;
los vitrales reposan
sobre las alcobas abandonadas,
pero nadie habló de ello.
Un velo de silencio se adueñó de una soledad
impresa sobre las esquinas vacías,
pero nadie habló de ello.
Tal parece que un hongo nuclear
se hubiese enseñoreado del paisaje
tiñéndolo de muerte,
pero nadie,
jamás,
bajo ningún concepto
dijo una sola palabra.

El abandono llegó
para tragárselo casi todo.
La mitad del antiguo

eco de las calles,
la mitad de los gritos
en los paredones,
la mitad de la historia,
porciones de noches
escarchadas contra el pavimento,
el adiós, patrimonio de los desaparecidos.

Vivimos en Mediacasa.
Una mitad alienta
posada sobre mi corona.
La otra mitad, se hunde.

II.

Llegar allí es tu destino.
Konstantínos Kaváfis

Si quieres visitarnos,
no te apartes del camino
y llegarás a Mediacasa.

Por duras y escarpadas,
no te pierdas lo mejor
de estas entrañas.

No te hundas entre el cieno y sus mentiras.
Avanza ante la frustración y el miedo.
Ten valor y sostén alta la mirada
frente a la respuesta recurrente
de todos sus espejos.

III.

Las nubes, ¿qué cubren?
Los paraguas en los salones,
¿qué guardan?
Los portales y soportales,
¿qué aguardan?
Los sillones que se empinan y reclinan,
¿qué acunan?
Las dovelas, ¿qué sostienen?
Las habitaciones donde danzan
malas sombras, ¿qué cobijan?
Las almohadas por mullir,
¿qué arropan?
Las sábanas ajadas,
¿que custodian?
Los álbumes, los baúles, las esquinas,
¿qué esconden?

Quienes nos pudrimos en Mediacasa,
¿dónde vamos?

IV.

Mediacasa;
que era un grito sin cortar,
voz de hiedra contra la piedra,
corazón en lucha sin quebrarse,
viejo bombo atronando,
riff de óxido y bisagra,
es hoy un estruendo muerto.

Cuerpo incontestablemente descompuesto,
mundo expulsado de este Mundo.

V.

Ningún hombre es una isla entera por sí mismo.
John Donne

Cuerpo tirando al fondo.
Otro, haciendo esfuerzos
por arañar el aire.

Así se zozobra en Mediacasa.
Portales con garras y con dientes,
con ropas impecables y su mejor sonrisa,
mordiendo el arrecife.

Patios traseros, habitaciones muertas del desuso
deslizándose, cimientos abajo.
Renaciendo y muriendo.

Si entre ambos cuerpos
no hay coordinación,
el final es agónico.

Solo los techos cumplen la función de salvamento.

A pesar de la terrible caída del entorno, el techo [salvavidas.

Un recinto que navega.
Casa entera, en sí mismo.

VI.

Un Proyecto de Gregorio Samsa,
merodea las cenizas.

El penúltimo habitante de estas tierras.
Decadencia hecha bicho resiliente.

VII.

El fin del viaje
en la linde de un abismo.

Nada separa a «la nada»
de la sima donde se hunden las ausencias.

Los sepulcros de «la nada» sonríen limpios.

Los otros fueron deportados,
como bubas, a la Nada.

Unos laten como estrellas en «la nada»,
palpitantes maravillas bajo el cielo.

Otros, simplemente, yacen
en el precipitado primordial de la Nada,

cieno entre olas,
cabalgando hacia el fin de Mediacasa.

VIII.

En mitad del marco hay un punto.
Ampliando con dos dedos,
el punto se divide
en cuatro y luego
en trece agujeros.

Ampliando más,
el agujero sobre el polvo
se convierte en cuenca,
en cráneo,
en boca ciega
y en caverna.
El punto adopta la fisonomía
ósea de la muerte.

Y ampliando más,
aparece Mediacasa.

Fachadas enfrentadas,
traseras muertas,
tranquilidad de espectro,
temor, ausencias.

Y dentro,
un proyecto de Gregorio Samsa,
un cuerpo coronado,
merodeando.

Y, sin embargo,
teledirigido.

IX.

De los remordimientos del moribundo
está brotando un sueño nuevo. Un cordyceps

que hinchó sus alas poderosas,
como una Isla posada sobre un Proyecto de
[Gregorio Samsa,

penúltimo habitante de estas tierras.
Decadencia hecha muerto resiliente.

X.

¿Si animal errante y solo estás,
Proyecto de Gregorio Samsa,
saprófago en un erial tan yermo,
famélico de abrazos mustio, muerto,
abandonado en el pozo de los patios,
al sereno traicionero,
bajo la luz aterradora?

¿Dónde entonces tus costumbres, paisano?
¿Tu territorio, tu gente, tu huerto?

¿Dónde, fértil cementera,
tu horizonte,

ahora que ningún punto cardinal
conoce tu destino?

XI.

Hay que vivir para ver…
¿qué signo lleva el amor?
Silvio Rodríguez

No un batracio encantado
ni un ofidio tentador.
No un pájaro tricolor
ni un paisaje destrozado,

no un miocardio reventado
ni un narciso sobre el agua
ni el ala de una tatagüa
ni un satélite atrapado.

¿Quién sino tú; inhumado
útero de una esperanza,
cara hacia el cielo nublado,

último Gregorio Samsa,
yace digno y apagado,
triste cuerpo que descansa?

XII.

Corazón de un mundo. Espuma blanca
lamiendo la sal de tu piel de azúcar,

agotado vaivén enfrentado al horizonte,
iridiscente vitral, letargo
desnudo sobre los bananeros,

hebras de acero,
eterno afán de henchir
un pecho dividido,

encofrado siniestro,
polvo que corona
aquel que fue un
Proyecto De Gregorio Samsa,

rezad un mínimo responso
por tan ceremoniosa partida.

XIII.

Caparazón. Interior. Coqueto. Acabados de primera. Sin amueblar. Sin necesidad de aval. Ni un espacio de similares características en su entorno. Contrato y firma inmediata. Mejor ver.

Mediacasa

XIV.

No vengáis al campanario y al reloj callados.
No saltéis la valla, no toquéis las puertas.
No miréis atrás buscando un tiempo herido,
un andar sin grietas, los sonidos,
el eco de un proyecto inacabado.
No vengáis aquí, que nadie os espera.
Regresad por donde os trajo el instinto.
No vengáis, seguid de largo. Nada queda.
Ignorad este cadáver indistinto.

XV.

El umbral de la casa ha resguardado
el cadáver deformado de un insecto.
La coraza es un dolor difuminado,
su silueta, un «no cuerpo» renegrido.

El contorno es como un mar hinchado
dialogando con la voz de un muerto:

«¿Dónde están, díganme,
por qué no han vuelto
mis retoños ahogados contra el cemento?».

XVI.

Los jóvenes se marcharon.
Les habían brotado del bolsillo
un ramo de pasaportes.

Los mayores, maderos de raíz muy vieja,
los vieron alejarse hacia el resquicio
que separa el estrecho del horizonte.
Y como al árbol vivo, la carcoma,
la tristeza les fue, lentamente, devorando.

XVII.

… creo que hay muchas cosas puras en el mundo
que no son más que pura mierda.
Nicolás Guillén

Soy un cuerpo gigantesco que la muerte,
de tan puro, lo volvió inservible.
En mi arena yacen rotas mil maletas
de virtudes enjauladas y vacías.
Al viento entrego mi coraza fría.
Ni músculos me quedan ya, escucha: no vengas.
Soy lo que, soltando lastre, se reinventa;
de sostén de una estructura, a cementerio.
de presente en cada esquina, a lo ignorado.

Soy un vasto y solitario basurero
al que han ido a recalar los ideales
degradados de esperanzas a espejismos.
De mí viven deshonestos y nihilistas,
por favor no avances más, date la vuelta,
es muy triste ver pudrirse una utopía.

XVIII.

El Acuerdo

La última playa
antes del fin del mundo,
la última morada,
los últimos segundos,
el último recodo,
la última palabra,
los últimos rescoldos,
las próximas paradas.

Las últimas plegarias,
las últimas canciones,
los últimos abrazos,
los últimos favores,
las últimas promesas,
las últimas razones,
los últimos silencios,
los últimos errores.

Los últimos paseos
bordeando el fin del alma,
los últimos dolores
tragándose mi calma,
los últimos idiotas
mordiendo el mismo jamo,
el último paisaje,
el tiempo echado en vano.

La última emoción
oculta en una ola,
el último insecto
que alumbró la farola,
el último reclamo,
la última sorpresa.
El último combate,
la última promesa.

La última parada
y después, la frontera.
El último grano de arena
seco, el mar afuera

la última descarga,
el último embalaje,
la última mirada
el último pasaje,

me esperan allá fuera,
mientras tanto, bebamos.
Te juro que es el último trago.
Después, nos vamos.

XIX.

Cada vez más deprisa,
las olas advierten mi gran error
corriendo en dirección contraria.

XX.

Grité: «¡Qué se sequen los ríos!».
Y fue un asombro el espectáculo boqueante
y retorcido de los peces muertos sobre el limo.
Y supe que la muerte es patrimonio exclusivo de la
[vida.

Grité: «¡Que se mueran los pájaros!»,
y los jóvenes huyeron de sus casas
y los viejos cayeron de sus nidos.

Hice también que ardiera el aire,
las plantas, todas las especies animales,
y una alfombra muerta se extendió sobre el terruño,
una plaga del final de los adioses,

por que nada me sobreviviese.

XXI.

Mediacasa como puerto.
Mediacasa como materialidad y como ideación.
Mediacasa como intestino que lo engulle todo.
Mediacasa como leyenda.
Mediacasa como el hombre y la mujer viejos.
Mediacasa como estigma y como locura.
Mediacasa como prédica y como adverbio.
Mediacasa como occisa y como crónica.
Mediacasa como hambre y paradigma.
Mediacasa como trinidad y como permanencia.
Mediacasa como un constructo y como seña.
Mediacasa como ceño y como seno.
Mediacasa como enumeración y como raciocinio,
Mediacasa como cadáver,
Mediacasa como refugio,
Mediacasa como origen muerto,

Mediacasa también,
bicho resiliente.

XXII.

Sangre quebrada,
heraldos del fuego conquistado,
vosotros, asesinos del huerto,
yesca que quemó el otoño y lo volvió verano
y verano, que se hizo infierno,
vosotros genocidas animales;

fuisteis vosotros, preñando de veneno la semilla,
fundiendo el aire en un hongo atómico,
ungiendo de tóxicas poluciones el profundo fondo
[de los mares,
la copa de los árboles donde se fecunda, de sol, la
[clorofila,
el pasto en que pastan vuestros bichos.

Vosotros sois culpables de vuestra propia muerte.
Nadie muere sin el cómplice concurso de su
[victimario.

Vosotros os matasteis mirando hacia mí como a
[una mala madre
por pudrir mis hijas y mi fuente,
por cerrar mi útero y secar mi matriz.

Vosotros, como el trapecista,
teñisteis la inocente parábola del vuelo
con la roja alfombra del impacto,
impacto que se hizo mancha;
mancha, óxido;
óxido, charco putrefacto,
y podredumbre, hongo.

A vosotros, tumbas de vosotros mismos,
mortajas de vuestros pecados,
ego culpo,
ego culpo,
ego culpo.

XXIII.

En Mediacasa,
fortaleza de polvo,
un brote de sol.

XXIV.

Luna de oro.
Matriz de esperanza,
hipocótilo.

XXV.

Sobre la tierra,
manantial delicado.
Quebrada sombra.

XXVI.

Fecundo vientre
preñado de cordyceps,
puja sin prisas.

XXVII.

Tiempo de fundar
epifanía. Cambios.
Metamorfosis.

XXVIII.

¡Brota con fuerza!
¡Llora, hambrienta yema!
¡Quebranta la luz!

XXIX.

Semilla de la mañana
«abre campos» que amanece,
tu nacimiento merece
una esperanza encarnada.
No habrá cordyceps, ni espada
que maltraten tu futuro.
En Mediacasa, lo puro
se estremece en tu plantada
y no servirá de nada
la amenaza de lo oscuro.

Por cada embrión que te nace,
un cordyceps que perece.
Algo que desentumece,
una vida, se rehace.
Las sombras se te deshacen
en los patios engullidos
por el polvo, y por el filo
de la oscuridad, se esparcen.

Al fondo de un vientre pace
un tallo y marca el camino.

Envuelto en un amasijo
como mortaja, descansa
lo que fue un Gregorio Samsa
abandonado al destino.
La quitina desprendida
de su hermoso exoesqueleto
degenerará en vida,
pondrá a la muerte en aprietos
y sin golpes ni panfletos
nacerá sanando heridas.

Mediacasa sigue siendo
Mediacasa. La mitad
mira hacia atrás,
la otra mitad, floreciendo.
De su vientre hondo y tierno
germinarán alboradas.

Volverán las madrugadas
para robarnos el mundo
y de aquel negro profundo
reverdecerán mañanas.

XXX.

Tus hijos no son tus hijos,
son hijos e hijas de la vida...
Khalil Gibran

No le pidas a tus hijos que regresen,
esos ya no son tus hijos, ni tus hijas, Mediacasa.
Aunque estén de *okokán* contigo
y tus vísceras, y digan que te pintan
cada noche en sus responsos,
aunque acudan, en tu nombre, a seminarios
y juren que han pensado tu futuro,
no te pertenecen,
han dejado de ser tuyos.

Y a pesar de que planten en la nieve
o en la arena del desierto tu bandera,
ya no son, estos, tus hijos;
clavadores orgullosos, celosísimas mulatas,
que te han abandonado.

En los labios de tus hijos; cuál Isla que el alisio
ha arrastrado hacia confines de nostalgias,
vives bien. En ese Punto Nemo cerebral
te revelan como a un viejo cianotipo, teñido de
[azul habana
y con fronteras imprecisas.

«*Tus hijos no son tus hijos. Son los hijos y las hijas*»
de otras iras. Montan otras carnes y dejan su
[semilla,
se perfuman en las flores de otros cuerpos.
Son los hijos del invierno en Copenhague,
de las playas *amarelas* de Ipanema. Son hambrientos
de recuerdos los domingos y los lunes son hijos
[de la resaca.

Por tu paz,
no les pidas a tus hijos que regresen.
No les muestres la ruta hacia tu seno.
Déjalos como flechas, que se pierdan
navegando entre las ondas del tiempo.

Madrid, marzo 2025

ÍNDICE

Esta primera edición de *Mediacasa* de Julio Hernández
terminó de imprimirse en Antequera (Málaga) el 11
de mayo de 2025, fecha en la que se conmemora
el Día Mundial de las Aves
Migratorias.